Ein Bild von Freiheit am Horizont

Susanne Dremel-Malitte
Erdmute Frederking

Ein Bild von Freiheit am Horizont

Lyrische Texte
mit Fotos von Martina Friese

Bibliografische Information der Deutschen Nationalbibliothek:
Die Deutsche Nationalbibliothek verzeichnet diese Publikation in der
Deutschen Nationalbibliografie; detaillierte bibliografische Daten
sind im Internet über www.dnb.de abrufbar.

Copyright© 2014: bei den Autorinnen
Zitate in der Collage „NY im Stadtpark" aus Udo Jürgens,
„Ich war noch niemals in New York".
Herstellung und Verlag: BoD – Books on Demand, Norderstedt
Gestaltung: Claudia Vogt, grafik.design, Spenge
ISBN: 9783734740084

Vorwort

Diese Gedichte von Susanne Dremel-Malitte und
Erdmute Frederking sind wie eine Handvoll kleiner
funkelnder Edelsteine.
Jeder einzelne ist sprachlich fein geschliffen und
fängt Facetten des Alltags und des Glaubens ein.
Betrachtet man einen der Edelsteine aufmerksam,
die Worte wendend und bedenkend, dann funkelt
und blitzt Geist auf.
Es leuchtet auf und ein, was Gottes Geist wirkt:
Alltag und Glaube kommen zusammen - sehr
ehrlich und lebensnah, oft anrührend und tröstend.
Inspiration.

Adalbert Detering, Espelkamp

Angekommen

Die sirrenden Mücken
kaum noch zu ignorieren.
Doch ohne den Sommer
wäre die Luft zu knapp.

Heilige Ehrfurcht
Maßlose Freude
Unbändiger Stolz

Das Buch ist fertig.

Wenn du heimkommst
trinken wir Sekt.

I Damals und zurück

Damals

Damals hörte ich den tauenden Schnee schwer von den Ästen tropfen. Loch an Loch entstand in der dichten Schneedecke, dunkle Tupfenmuster rings um jeden Baum. Bald würden die Wurzeln wieder sichtbar sein, bald wieder Blätter an den Zweigen und nicht lange danach könnte ich wieder waten im herabgefallenen Laub.
Damals ahnte ich nicht, dass der Baum und seine Nachbarn dort länger zuhaus sein würden als ich.

Heimat?-Stadt

Genauso anders
wie beim letzten Mal

Innen
könnte sie auch Kar- heißen

und während das Herz noch nach außen drängt
bleiben Kopf und Füße
schon brav auf der neuen Spur

Vertraute Gesichter
begegnen hier längst nicht mehr

Hätt ich doch
und
Wenn doch nur
grüßen allerdings an jeder Ecke

Gehen

Hinter der kleinen Brücke
wird der Weg steiler

Ich schiebe den Rollstuhl an die Seite
stelle die Bremsen fest

Wir schweigen

Fallendes Laub
Wind in den Bäumen

Worte verbinden nicht mehr
und jede Nähe ein Abschied

Pflegestation

Papa
wir müssen dann wieder

Ja
sagst du nur

Keine Tränen heute

Weggetretene Leichtigkeit
macht mein Herz
doppelt schwer

Sütterlin

Sie war eine kleine Schwester
wie ich
und hat den Bruder geliebt

den Bruder
mit dem kurzen Leben
und den vielen Texten

Mit ungeduldiger Sorgfalt
entziffere ich
was mich längst schon prägt

und trauere um Verlorenes
was mir nie gehörte

Zurück

Endlich Abschied genommen
vom tiefen Groll
und von dir

Weiter Raum
in meiner Seele
Wieder beginnen
und Gutes erinnern
auch von dir

Anders geworden
im gleichen Alltag
und nicht nur ich
komme wieder an
bei mir

II Nicht nur die Wörter zählen

Advent

Haus
und Herz
bestellen entrümpeln erhellen
Jesus soll Raum gewinnen
Advent

Winter adé

endlich
eindeutige Frühlingsboten
hab ich gesehen
grün die Straße entlang
Krötenzäune

Glück

Sonne
im Bulli
Kallauchs Lieder laut
die Mädchen tanzen angeschnallt
Glück

Immer schon

nervig
kantig auch
tief verletzt zuweilen
doch immer schon geliebt
Königskind

Segen

Kopf
und Herz
in Gottes Händen
Friede hier und jetzt
Zuversicht

Sommerabend

Zeit
ist relativ
großzügig und gelb
wird sie uns geschenkt
Nachtkerze

Denk nur nicht zu klein

denk nur nicht zu klein
lass den Horizont weiten
vom so großen Gott

Regenbogen

ein Regenbogen
schmal und bunt im Spülbecken
Gott zwinkert mir zu

III Freude, maßlose Freude

In my darkness

When everything around me falls apart
when I can't look at myself any longer
because of my darkness
I can see you standing there
full of light

I fall down on my knees
and I tell you
that I'm not worth the effort
go and save someone else

But there you are standing
with open arms
ready to embrace me
full of love

Calling me
loving me
I cannot resist your love
which is different
from other people's love
which cares about me
without asking
only giving

I see this love and I feel
I can never be like you
and still you love me

You deserve more
than I could ever give you
and I say
I can't do it

But you just ask me
to let myself fall
into your hands
to let go the darkness
to hold on to you
my Saviour

In my darkness
your light shines
for the world to see

(Luke 5:8)

Freude, maßlose Freude

Freude, maßlose Freude,
geliebt von dem, der Liebe ist,
der meine Seele losgekauft
mit seinem Blut

der mich beim Namen ruft
und mich erlöst,
weil er mein Gott ist
nicht weil ich –

Vater für meine Sehnsucht,
Kind zu sein,
der um mich wirbt
als um den Freund,

der Wasser ist und Brot
zum Leben,
der heilt und spricht
Steh auf!

Und ich
auf unsicheren Füßen
darf lernen
Schritte zu machen

wieder die Augen auftun
nach der langen Nacht,
mit neuer Stimme
Hier bin ich! sagen –

da kommt er auf mich zu,
der Vater,
umarmt den Sohn,
den verlorenen,

findet das verirrte Schaf,
den verzweifelnden Menschen,
ruft mich beim Namen
und ist Wärme

Feuer für meine erstarrte Seele,
fährt als Geist auf mich herab,
gibt Zunge und Sprache,
lehrt mich reden

vom Undenkbaren:
Gott wird Mensch.

If only

If only I could touch
His cloak
be close to Him
the Saviour

My illness and my pain
cry out to Him
Help, Lord
Save me

Through all my pain
I feel His love
His eyes rest
on me

I'm saved and healed
and in His face
I see His love
unfailing

Called and loved
known by Him
I rest and walk
in peace

(Mark 5:25-34)

Als Jesus ihren Glauben sah …

Jesus, mit dir möchte ich gehen.
Ich bringe sie zu dir,
die dich liebt,
die dich sucht,
die deine Heilung braucht.

Ich glaube, hilf meinem Unglauben.

Du siehst meinen Glauben.
Sprich du zu ihr:
Sei getrost, meine Tochter,
deine Sünden sind dir vergeben.

Und damit alle es sehen
und wissen, dass du Macht hast:
Mache sie gesund,
erlöse sie von ihrer Trauer,
erleuchte ihre Augen
durch dein Wort.

(Markus 2, 1–12)

Wer anklopft

Du
zaghaft klopfe ich an
du
Gott …?

Willst du mich
auch jetzt
noch?

Mit meiner Angst
mit meinem Unwillen
mit Lieblosigkeit
und Zweifel?

mich

aber auch
mit Freude
Hoffnung
Glauben – manchmal –
und soviel Erwartung?

Ich will mehr von dir
jetzt

endlich
sofort!

Mein Klopfen
wird zum Hämmern
zum atemlosen Fragen

Du Gott
mein Gott
Herr

Bleib bei mir
wenn ich Angst habe
wenn der Mut mich verlässt
wenn alles in mir
nach Liebe schreit
und niemand da ist

nur du

Gott mein Gott.

(Matth. 7,7)

Folge mir nach!

Du sagst:
Folge mir nach!
Nichts mehr und nichts weniger fordere ich von dir!
Folge mir nach
komm zurück zu mir
in die vertraute Nähe
renn mir nicht voraus
bleib nicht zurück, sondern
folge mir nach!

Und ich frage:
Dir nachfolgen
wie früher
als wäre nichts geschehen?
Weißt du denn nicht mehr
dass ich der bin, der dich verleugnet hat
dreimal
dass ich dich verlassen habe
dass ich nur noch Angst hatte um mich selbst
dass ich dir untreu war?

Hast du vergessen
dass mein Wort nicht viel hält
wenn die Angst kommt, wenn Gefahr droht?
Dass meine Liebe im Reden stecken bleibt
und keine Taten folgen?
Dass meine Hingabe versagt,
wo ich bedrängt werde,
hast du das alles vergessen?
Dreimal habe ich dir gesagt,
dass ich dich lieb habe.
Hebt das mein Leugnen auf?
Warum soll ich, gerade ich, deine Lämmer weiden?
Konntest du keinen Besseren finden?
Einen, der bei den Schafen bleibt, wenn der Wolf kommt?
Und ich erkenne:
Du selbst bleibst bei den Schafen
du selbst bist der Hirte
du selbst tust, was getan werden muss.
Ich will dir nachfolgen,
sonst nichts.

(Joh. 21,15–19)

Und endlich
leben lernen.

Vor unseren Augen
geschieht das Wunder:

Er wischt die Tränen ab,
macht alles neu.

Die Hütte Gottes
bei den Menschen.

Und wir sein Volk.

(Offb. 21, 1–5)

IV Elias kleine Schwester

Psalm 23

Leer sein bis zur Schmerzgrenze
und doch
die Fülle ahnen

Unsicher die Schritte
und doch
auf festem Boden

Die Kehle trocken vom Schreien ins Nichts
und doch
die Antwort so nahe

Gedanken und Taten ein einziges Chaos
und doch
am Ende nach Hause kommen

So nahe am Tod
und gerade da
deine Vision vom Leben

Menschen und Dinge nicht zu ertragen
und gerade da
durchhalten mit dem was du schenkst

Immer auf der Flucht vor dir und mir selbst
und gerade da
verfolgt und gekrönt von deiner erbarmenden Gnade

Indem ich mich suche
bin ich längst gefunden
von dir

Psalm 126

Nicht das
was in deinen Tagträumen
Realität sein soll
wird geschehen

Keine Sehnsüchte
die dich um dich selbst kreisen lassen
werden erfüllt

das „Hätte ich doch"
wird ebenso unwirklich
wie das „Wenn ich erst"

Zeitloses Dasein
Vergangenheit belastet nicht mehr
Zukunft nicht mehr herbeizusehnen
oder zu befürchten

Frei sein
und mit staunenden Augen

- kaum bekommst du Luft
um all das hinauszujubeln
was in dir ist
an Liebe und Freude und Glück -

wirst du feststellen
dass diese alte Verheißung
alle menschliche Vernunft übersteigt

Wenn der HERR die Gefangenen Zions erlösen wird,
so werden wir sein wie die Träumenden.
Dann wird unser Mund voll Lachens
und unsre Zunge voll Rühmens sein.

Levi

Du wirst ihm noch Löcher in den Rücken brennen
mit deinen tellergroßen staunenden Augen
Woher soll ich wissen
warum er ausgerechnet dich mitnehmen will?
Weiß ich doch nicht mal
wie er auf mich kam

Aber er geht vor uns her
redet mal mit diesem
mal mit jener
dreht sich ab und zu nach uns um
und lacht uns an
weil wirs nicht begreifen

Wo es hingeht
ist uns jetzt egal
Seit diesem klaren „Folge mir"
sind wir schon bei ihm zuhaus

Noch nicht

Freiheit
in deinem Namen
aber auch
Scham und Schuld

Liebe
in deinem Namen
aber auch
Verletzung und Loslassen

Heimat
in deinem Namen
aber auch
Aufbruch und Sehnsucht

Es ist noch nicht erschienen
was wir sein werden
in deinem Namen
Jesus

Horeb geerdet

Der Sturm am Mittagstisch
ist vorüber
und unzählige eilige Schritte
bringen den Boden erneut zum Beben

Elias kleine Schwester
lehnt im Türrahmen
und atmet durch

Aber der Herr
bleibt auch diesem Luftzug
fern

Küchentisch

Die Tasse gehört ihr
jedenfalls schon fast
und der Platz am Tisch
ist immer derselbe

Kaffee gibt's
und Kekse
und für sie natürlich
echte Milch

Elias kleine Schwester
hat heut nicht viel Zeit
sie wird wiederkommen

Die Speise hat nur Kraft
wenn Engel sie servieren

Gesegnet

Und wieder einmal
trieb nicht der Kopf die Füße an
Elias kleine Schwester
hat den Ginster verlassen
und setzt sich aus

dem Hunger
der noch kommen soll
dem Durst
der noch nicht spürbar
der Sehnsucht
die noch immer schläft

Die Worte des Engels
sind bald verweht
aber als sie weitergeht
duftet es nach Rosen

V Geh ich vor Anker

Fallen
in den Schmerz.

Aufstehn
zu neuem Leben.

Wissen:
Ein Gott ruft.

hast mein Herz genährt
über Jahre

mich nicht festgehalten
und doch getragen

mich geliebt
mich ernährt

bist derselbe geblieben
bin mehr ich geworden

du mir nah
mein Du
mein Halt
mein Leben

ich mir nah
du bei mir

Vielleicht ist es ja das, dass der Mensch in der
Begegnung mit Gott dazu kommt, sich selbst nah
zu sein.

dein Wort
verkünden

deine Liebe
leben

Menschen sehen
mit deinen Augen

bist du doch
der einzige Partner
geblieben

geh ich vor Anker
bei dir
allein

liebt mich keiner
so wie du

keiner so nah
keiner so warm
behutsam

keiner so ewig
immer mir nah

bin zurückgekommen
hätt' es nie gewagt
ohne dich
zu dir zurück
in die Wärme
deiner Liebe
hier mein Leben
in deine Hand

Aus deinem Schweigen
spricht Trauer,
aus deiner Stummheit
Schmerz.

Du bist einsam
in deiner Wortlosigkeit.

Doch sei gewiss:
Er erhört dich,
kennt die Sehnsucht
in deinem Herzen.

Er allein weiß.

Lass dich fallen
in seine Arme,
er fängt dich auf.

Er liebt dich,
jetzt und
für immer.

auf der Suche
nach einer Brücke
von Mensch zu Mensch

langsam
vorsichtig tastend
jeder auf seinem Ufer

bis dein Herz
mein Herz erreicht
durch deine Worte
an meinem Ohr

weiche Knie
tausend Ängste
und eine Hoffnung
die keimt

VI Begegnungen

Quellhaus

Meine Füße
auf weitem Raum

Die Diele durchmessen
mit Schritten
und Tönen
und Gitarrengeklimper

Ich decke den Tisch
oder lasse es bleiben

ich fasse mit an
oder schau dir nur zu

Offenheit und Rückzug
Bleiben und Gehen
nichts ist verboten

Gott lässt sich beschimpfen
in diesem Haus

er lässt sich suchen
er lässt sich finden
er lässt sich Zeit
und mir

Meine Füße
auf weitem Raum
und Herz und Mund und Hände auch

Chemotherapie

Montag
sagst du
und deine Stimme klingt flach

Ich denk an dich
meine einzige Antwort

Hohle Phrasen
während meine Seele schreit

Ich bete
dass du hörst
was wirklich in mir ist

Am Kanal

Als die Bärenraupe
unseren Weg kreuzte
standen wir still
bis sie vorüber war

Lastwagen
waren hier nicht zu befürchten
und die Traktoren
auf der Wiese beschäftigt

Dennoch standen wir still
und hüteten ihren Weg
bis sie im Ufergras verschwand

Dann gingen wir weiter
auf dem gleichen Weg
doch mit leichteren Schritten

Im Café

„Feierabend, Madame! Ich hoffe, es hat Ihnen
geschmeckt?"
Er konnte es einfach nicht lassen - auch wenn sie
tausend Mal allein waren. Um ihre Mundwinkel
zuckte es. „So spät schon? Ja, vielen Dank. Was
hab ich zu zahlen?"
Sie schob ihr Manuskript in die Tasche und steckte
das Portmonee wieder ein.
Wie sie dieses alte Spiel doch immer wieder liebte.

Als er die Eintrittskarten unter dem Aschenbecher
fand, stand sie schon am Kinoeingang, aufgeregt
und ungeduldig wie vor zwanzig Jahren.

Umfrage

Unter den zahllosen Lichtersternen nimmt das Menschengedränge kein Ende. Kaum schafft sie es, festen Stand zu gewinnen.

Immer noch starrt sie auf den schwarzen Ball des Mikrofons, der ungeduldig unter ihrer Nase zappelt.

„Frieden?" sagt sie schließlich zögernd. „Nein, ich glaube nicht."

Rückendeckung

Du hast es gewagt
ehrlich zu sein
hast mir keine
„Wird schon werden"-Phrasen
um die Ohren gedroschen

hast mich ausgehalten
wie ich bin
wie's mir geht
und deine Hilflosigkeit
war meine größte Hilfe

Dass mein Glaube
ein verlorener ist
hast du akzeptiert

so kann ich endlich
endlich
auf die Suche nach ihm gehen

VII Sein

Genug von der Zeit

Ich schreibe diesen Text, weil ich nicht genug Zeit hatte, den anderen zu schreiben – den über genug Zeit, der aber nur hätte entstehen können, wenn sie da gewesen wäre.

Dieser Text handelt von der Zeit, von der nicht genug da ist – oder vielmehr war, als der andere Text hätte entstehen sollen. Jetzt habe ich Zeit genug, darüber zu schreiben.

Die Zeit, von der es nie genug gab, ist bei mir geblieben, als ich von ihr genug hatte und die Flucht ergriff. So sitze ich nun hier mit Zeit genug und schreibe diesen Text.

Kirschbaum

Im Sommer ist der Weg
zur Wäschespinne
lang und süß

Kerne spuckend
die Jeans überm Arm
bekomme ich Lust
noch die Betten abzuziehen

Stufen am Fels

Du kannst nur am Geländer gehen
bis jemand entgegen kommt
aber keine Sorge
das Seil an deiner Seite hält dich auch

Wer immer da kommt
hat überlebt
was dich hinter der Kurve erwartet

Doch hör auf zu träumen
Die Treppe zum Ballsaal
sieht anders aus
Mit dem langen Abendkleid
würdest du hier ohnehin
überall hängen bleiben

NY im Stadtpark

In der Küche läuft das Radio
Ich war noch niemals in New York …

den Herd anstellen
… ich war noch niemals auf Hawaii …

die Küchenschürze anziehen
… ging nie durch San Francisco in zerrissnen Jeans …

Mama, schon wieder Gemüsepfanne?
… Ich war noch niemals in New York,
ich war noch niemals richtig frei …

Mama, weinst du?
Nein, schon in Ordnung.
Wisst ihr was? Wir holen Pizza vom Italiener und
picknicken im Stadtpark!
… einmal verrückt sein und aus allen Zwängen
fliehn …

Froschkönigin

Verschwommen noch
ein Bild von Freiheit
am Horizont
aber die Räder beginnen zu rollen

Unwegsames Gelände
und jeden Tag
Treibsand oder Klippen
doch der Wagen hält stand

Was bricht
sind die Ketten
und seien es auch dreißigmal drei
das Bild am Horizont
wird klarer mit jedem gesprengten Ring

Sein

Knoten machen
wenn der Faden reißt
um immer wieder daran hängenzubleiben

Begründen
warum so und nicht anders gewesen
und sich um Kopf und Kragen reden

Sich verbiegen
um zwischen den anderen kaum sichtbar zu sein
und die eigene Linie verlieren

Nur Staub
er weiß es
und sucht mir die Goldkörnchen heraus
für eine neue Krönung

Alles fließt

Schon wieder packen
schon wieder unterwegs

Im Rucksack die Texte
und den gebrochenen Füller

Das Ankommen bedenken
und das Tun
zwischen Wollen und Müssen

Nichts ist unersetzlich
außer verlorener Zeit

Ja sagen

Versöhn dich
sagst du

worüber
sagst du nicht

mit wem
sagst du nicht

mit mir
höre ich

über das was ist
höre ich

Ich sage Ja
und spüre das Leben

Inhalt

Über uns

Susanne Dremel-Malitte, Jahrgang 1964,
ist Pfarrfrau,
fünffache Teenagermutter
und Pastorin im Ehrenamt.
Sie lebt in Spenge.

Erdmute Frederking, Jahrgang 1965,
ist Industriemechanikerin
mit sonderpädagogischer Zusatzausbildung
und Master of Education.
Sie lebt in Hildesheim.

Martina Friese, Jahrgang 1967,
ist Ärztin und Psychotherapeutin.
Sie ist verheiratet und lebt in Bad Segeberg.